Comment Créer Son Entreprise En 7 Etapes

Le Guide du jeune entrepreneur

Par : Alain Xavier Kuetche Soh

Table des matières

Le jour où j'ai créé Ma première en Entreprise

 Je me rappellerai toujours du jour où mon entreprise a existé pour la première fois.

C'était le 3 juillet 2000, j'avais 19 ans, et alors que la majorité de la France rêvait à ses vacances, **j'accomplissais un rêve d'indépendance et de liberté** qui m'avait semblé inaccessible 1 an plus tôt – et j'en commençais un nouveau – celui de développer l'entreprise.

J'étais excité – un peu effrayé aussi – à l'idée de commencer cette nouvelle vie que j'avais tant désirée, de relever le défi de conduire à bon port cette entreprise que j'avais créée de mes mains.

Lorsque j'ai regardé en arrière les derniers mois écoulés, j'ai pris conscience du chemin parcouru – du petit gars brûlant du désir de devenir libre en créant son entreprise, avec juste une vague idée de ce qu'il voulait faire, au créateur d'entreprise ayant réussi à convaincre des jurys d'investisseurs et une banque de lui confier leur argent pour mener à bien son projet.

Depuis j'ai parcouru un autre bout du chemin – j'ai développé l'entreprise, embauché mes premiers employés , j'ai intégré à mon tour le jury d'une structure de financements de nouvelles entreprises pendant 8 ans, j'ai revendu mon entreprise après 10 ans d'existence, et j'en ai créé une nouvelle sur Internet qui a fait beaucoup mieux que la précédente, mais **ce 1er jour aura toujours une signification particulière dans la vie**.

Depuis, aider d'autres p'tits gars brûlant du désir de créer leur entreprise, avec juste une vague idée de ce qu'ils veulent faire, à réaliser leur rêve en créant une entreprise qui dure, est devenu une de mes missions principales dans ma vie.

C'est pour cela que j'ai créé ce guide. Pour vous aider concrètement à franchir toutes les étapes qui mènent de l'idée à la création, en particulier si vous n'avez jamais créé d'entreprise auparavant.

J'ai conscience qu'il est long, et que beaucoup de personnes seront découragées, mais c'est une bonne nouvelle pour vous : **cela veut dire que vos compétiteurs ne le liront pas, et seront donc désavantagés par rapport à vous** dans la course à la création. Gagner sur vos concurrents avant même qu'ils créent leur boîte… c'est plutôt excitant, non ?

Souvent lorsqu'un débutant en entreprenariat a décidé de créer sa première entreprise, il sait qu'il a un désir brûlant de le faire mais n'a pas forcément d'idée précise, ni de connaissance des étapes à franchir pour réussir à la créer.

Par : Alain Xavier Kuetche Soh

Les raisons qui nous poussent à créer notre entreprise.

Si vous ressentez ce désir brûlant de créer votre entreprise, cela peut-être pour différentes raisons.

Souvent, **vous en avez assez d'être salarié**, de travailler pour quelqu'un d'autre, peut-être également que vous n'êtes pas assez apprécié à votre juste valeur, humainement ou au niveau de votre salaire, ou les deux.

Vous souhaitez que le fruit de vos efforts vous revienne de manière plus juste.

Vous pouvez également avoir le goût de l'aventure, du challenge et vouloir briser un rythme de vie un peu trop monotone en vous lançant dans un projet excitant, et peut-être même contribuer davantage, pour améliorer votre vie et celle de votre famille, et également la société tout entière.

Quelqu'en soient les raisons, **vous avez ce désir brûlant de créer votre entreprise**. Mais savez-vous quelle entreprise vous allez créer ?

Quelle entreprise créer ?

En général tout commence avec le désir, et l'idée vient après – quand elle vient. Cela peut ne pas être votre cas.

Vous pouvez avoir ce désir brûlant justement parce que vous avez eu une idée, et il y a de fortes chances que celle-ci vous apparaisse comme géniale, et qu'elle soit à la fois très excitante pour vous et vous fasse peur. Dans ce cas, continuez à lire, nous allons aborder cela très bientôt.

Par : Alain Xavier Kuetche Soh

Que vous ayez déjà l'idée de votre entreprise ou pas, il est très probable que vous n'ayez qu'une très vague idée du chemin, et des étapes à parcourir pour réussir à créer votre entreprise. Je le sais, je suis passé par là moi aussi – créer sa première entreprise à 19 ans n'est pas de la tarte.

Ne pas savoir où vous êtes et ne pas savoir où vous allez est source d'angoisses, de doutes et de frustration, et peut vous faire perdre beaucoup de temps et d'énergie.

Je veux dire, si vous décidez de traverser un désert pour atteindre une ville merveilleuse situé de l'autre coté, est-ce que vous préférez y aller sans carte, ou **avec un plan** qui vous détaille exactement quels sont les gouffres et les obstacles à éviter, et où se trouvent les oasis et les villages ?

Je parie que vous préféreriez la seconde option. Moi aussi, et c'est pour cela que je vous ai dressé une carte pour créer votre entreprise, en 7 étapes :

Créer votre entreprise, étape 1 : trouver l'idée

Cette étape est le tombeau de la plupart des aspirants créateurs d'entreprise : ils ont un désir brûlant de créer leur entreprise, mais n'ont aucune idée concrète pour celle-ci. Si vous êtes dans ce cas, voici quelques pistes qui peuvent vous aider. Si vous avez déjà votre idée d'entreprise, passez directement à l'étape 2.

Par : Alain Xavier Kuetche Soh

Tout d'abord, nous allons stimuler un peu votre créativité. Prenez une feuille de papier ou ouvrez un document sur votre ordinateur.

Faites-le vraiment, maintenant. Génial. Maintenant, écrivez en haut de cette feuille ou de ce document **"Mes passions"**. Puis écrivez 10 de vos passions.

Vous verrez que les 3 ou 4 premières passions viendront facilement, mais qu'ensuite cela risque de se compliquer un peu. N'arrêtez pas tant que vous n'avez pas écrit au moins 10 passions. Si vraiment vous n'arrivez pas à en trouver 10, écrivez alors des activités ou des domaines que vous aimez, mais sans que cela vous passionne.

C'est fait ? Parfait ! Maintenant nous allons faire la même chose avec vos talents et vos compétences. Prenez une autre feuille, ou ouvrez un nouveau document, puis écrivez en haut **"Mes talents et mes compétences"**. Puis écrivez 10 de vos talents, des domaines dans lesquels vous êtes doué **et que vous avez pratiqués**.

Là encore, ne vous arrêtez pas tant que vous n'en avez pas écrit 10. Et si vous n'arrivez pas à trouver 10 talents que vous pratiquez, alors mettez des domaines dans lesquels vous êtes compétent, ou dans lesquels vous avez de l'expérience, sans être particulièrement doué.

Faites-le vraiment. Arrêtez de lire et faites-le maintenant. Cela vous sera d'une grande aide pour trouver votre idée d'entreprise.

Vous l'avez fait ? Parfait ! Ces deux documents vont donc vous servir de base pour trouver votre idée d'entreprise.

PS : Continuez la lecture *(si vous avez juste continué à lire sans faire l'exercice et que vous vous apprêtez à continuer la lecture tout en ressentant une bouffée de culpabilité, **<u>arrêtez</u>**. Le reste ne vous apportera rien. Il vaut mieux fermer cette page et continuer à vaquer à vos occupations précédentes).*

Il y a grosso modo deux voies différentes que vous pouvez suivre : soit trouver une idée d'entreprise **"classique"**, éprouvée, qui existe déjà – depuis parfois longtemps – soit trouver une idée innovante.

Trouver une idée d'entreprise classique

Ce n'est pas parce qu'il existe déjà des millions de boulangeries qu'il n'y a pas de place pour la vôtre. Et c'est également vrai pour des milliers d'entreprises au concept éprouvé, depuis parfois des millénaires : nul besoin de réinventer la roue pour **créer son entreprise**.

Nous allons tout d'abord partir de vous-même : examinez attentivement vos listes de passions et de talents : y a-t-il parmi elles un domaine dans lequel vous pourriez créer une entreprise "classique", au concept éprouvé, et qui vous plairait ? Et mieux – c'est même l'idéal – y a-t-il une idée d'entreprise qui germe spontanément dans une de vos passions qui soit à la fois un talent ou une compétence ?

Trouver une idée à partir d'une de vos passions, de vos compétences ou des deux a à chaque fois des avantages et des inconvénients :

Trouver une idée à partir de vos passions

Avantages

- Vous serez motivé, voire très motivé intrinsèquement par le domaine dans lequel vous vous lancez (en plus de la motivation que vous aurez à créer votre entreprise !).

- Vous avez beaucoup plus de chances de développer des compétences, parfois hors du commun, dans un domaine que vous aimez (typiquement les domaines qui vous passionnent et dans lesquels vous n'avez pas développé de compétences sont tout simplement des domaines que vous n'avez pas pratiqués).

- Vous avez le potentiel de réaliser un de vos rêves en devenant bon dans un domaine que vous adorez tout en gagnant de l'argent grâce à lui.

Inconvénients

- Vous devrez malgré tout développer des compétences de zéro ou presque, ce qui peut être difficile à faire rapidement, ou vous devrez vous associer avec quelqu'un qui possède cette compétence technique, ou encore en embaucher un (ce qui augmente les risques puisque vous aurez une charge supplémentaire à payer tous les mois).

- Posséder la passion pour le domaine en lui-même et acquérir par vous-même ou par l'intermédiaire de quelqu'un la compétence technique ne doit pas vous faire oublier que gérer une entreprise demande d'autres compétences que la simple compétence technique.

- Vous devrez aussi apprendre à la gérer au niveau financier, à trouver de nouveaux clients et à les convaincre d'acheter vos produits et vos services, éventuellement à recruter et manager, etc. Heureusement, de nombreuses formations et de nombreux livres existent sur le marché pour développer ces compétences, notamment ceux du **Personal MBA**. http://amzn.to/KT5Bhm

- Parfois le fait de travailler dans une passion associe sur le long terme des sensations déplaisantes avec elle (clients mécontents, stress, difficultés financières, etc.) qui font que vous allez de moins en moins apprécier cette passion, au point qu'elle ne soit plus passionnante... Cela n'arrive pas à chaque fois mais c'est un risque, en particulier si votre domaine est stressant à pratiquer tous les jours, et que vous n'avez pas vraiment pratiqué cette passion auparavant à un niveau professionnel.

Trouver une idée à partir de vos compétences

Avantages

- Vous avez déjà les compétence s techniques nécessaires pour travailler dans le domaine choisi, ce qui vous permettra de vous focaliser sur le fait de trouver vos premiers clients, et les autres aspects de l'entreprise à maîtriser (finances, recrutement, management, etc.).

- Le fait que vous ayez de l'expérience dans ce domaine peut vous donner de nombreux atouts pour démarrer : une base de clientèle existante, un réseau de fournisseurs et de partenaires, une plus grande crédibilité, etc.

- Si vous avez gagné votre vie jusqu'à présent grâce à cette compétence, en étant salarié, il peut sembler encore plus naturel pour vous que l'étape suivante soit la création d'une entreprise dans le même domaine, ce qui peut réduire votre peur de vous lancer dans l'aventure et vous pousser à agir.

Inconvénients

- Si vous n'êtes vraiment pas passionné par le domaine, une fois passé l'enthousiasme initial de la création d'entreprise vous courez le risque de vous ennuyer à mourir et de ne pas avoir l'impression de réaliser quelque chose qui en vaille vraiment la peine.

- Etre compétent techniquement dans le domaine en lui-même ne doit pas vous faire oublier que gérer une entreprise demande d'autres compétences que la simple compétence technique. Vous devrez aussi apprendre à la gérer au niveau financier, à trouver de nouveaux clients et à les convaincre d'acheter vos produits et vos services, éventuellement à recruter et manager, etc. Heureusement, de nombreuses formations et de nombreux livres existent sur le marché pour développer ces compétences, notamment

ceux du **Personal MBA**.
http://amzn.to/KT5Bhm

Trouver une idée à partir d'une compétence qui est aussi une passion (ou l'inverse)

Avantages

- C'est l'idéal : vous êtes à la fois passionné par le sujet et compétent. Vous aurez donc à la fois l'expérience, la compétence et la motivation qui seront de grands atouts pour votre réussite.

- Comme vous avez déjà pratiqué cette passion et… que c'est resté une passion, vous aurez plus de "résistance à l'usure" que si vous partez d'une passion dans laquelle vous n'avez pas de compétence (voir plus haut).

    C'est encore mieux si vous avez déjà pratiqué cette passion à un niveau professionnel, car dans ce cas vous avez enduré le stress qui entoure ce métier et avez su garder votre passion intacte. Il y a des chances pour qu'elle le reste après votre création d'entreprise.

Inconvénients

- L'inconvénient majeur est que démarrer votre entreprise dans un domaine qui vous passionne et dans lequel vous êtes compétent pourrait vous faire oublier que gérer une entreprise demande d'autres compétences que la simple compétence technique.

Vous devrez aussi apprendre à la gérer au niveau financier, à trouver de nouveaux clients et à les convaincre d'acheter vos produits et vos services, éventuellement à recruter et manager, etc.

- Heureusement, de nombreuses formations et de nombreux livres existent sur le marché pour développer ces compétences, notamment ceux du Personal MBA. http://amzn.to/KT5Bhm

Trouver une idée d'entreprise innovante

1. Voyager

L'une des manières les plus simples de trouver une idée d'entreprise innovante est de **voyager**. De nombreux produits et services sont populaires dans d'autres pays, mais inconnus ou très peu développés en France, et il est possible de gagner des fortunes en y important des concepts ou des produits.

De tous les pays à visiter pour trouver des idées, le premier est certainement les Etats-Unis, qui ont souvent 4 à 5 ans d'avance sur nous, parfois plus, et dont nombre de services et produits innovants finissent par débarquer en France.

C'est aussi valable pour les entreprises sur Internet, et nombre de réussites françaises dans ce domaine se sont inspirés directement de réussites aux Etats-Unis (voire les ont copiés, on appelle cela "copycat" dans le jargon des startups), par exemple Meetic, qui s'est inspiré de Match.com ou Ibazar qui s'est inspiré d'Ebay (et s'est fait racheté par celui-ci).

L'avantage aujourd'hui est **qu'il est possible d'étudier ce marché américain sans bouger de chez soi**, mais rien ne vaut un voyage là-bas pour étudier les tendances et se rendre compte de l'adoption déjà massive de technologies encore balbutiantes chez nous (***le marché du livre numérique en est un exemple criant aujourd'hui, très développé aux Etats-Unis et encore dans l'enfance en France***).

Sans aller jusqu'à des secteurs aussi techniques, parfois des produits et services tout simples ("il suffisait d'y penser") peuvent facilement être adaptés ou importés en France... encore faut-il en avoir connaissance.

Parfois, il est possible d'importer en France (ou ailleurs) des produits qui y existent déjà, mais qui sont vendus bien moins cher ailleurs. Attention dans ce cas à vérifier que tout est béton du coté juridique.

2. Etre à l'écoute

Saviez-vous que l'homme moderne est apparu il y a environ 200 000 ans et que :

- La domestication des animaux a commencée il y a environ 15 000 ans avec les chiens. **Pendant 185 000 ans, personne n'a compris que les animaux pouvaient servir à autre chose qu'à être chassés et mangés.**

- L'agriculture n'a été inventée qu'il y a environ 12 000 ans. **Il a fallu 188 000 années, 1 880 siècles pour que les hommes comprennent** qu'ils pouvaient contrôler en partie la manière de faire pousser les plantes, au lieu de se contenter de les cueillir pour les manger.

- La roue, que nous voyons tous les jours à l'oeuvre, n'a été inventée qu'il y a environ 5 500 ans. **Pendant près de 195 000 ans, pas un homme n'a pensé à en construire pour l'aider à transporter les lourdes charges qu'il devait porter lui-même.**

- L'écriture a été inventée à peu près en même temps que la roue, il y a environ 5 500 ans. Auparavant jamais **un homme n'avait pensé qu'il pouvait retranscrire sous forme de signes écrits les paroles qu'il prononçait.**

- Et – le plus important je pense ☺ – la crème glacée a été inventée il y a environ 4 000 ans, mais c'est seulement **3 900 ans plus tard que quelqu'un a imaginé le cornet.**

Ces exemples montrent qu'il y a autour de nous, en permanence, des idées à exploiter, qui sont si simples qu'elles peuvent rapporter une fortune à leur inventeur, pendant que les autres se diront "mais pourquoi n'y ai-je pas pensé avant ?".

Pour essayer de trouver une de ces idées, essayez une attitude qui les fera venir à vous : soyez à l'écoute. A l'écoute notamment de toutes les phrases qui contiennent ce genre de mots :

- C'est nul

- Ce n'est pas terrible

- ça m'énerve

- ça serait bien que...

- Ce n'est pas génial

- Etc.

A chaque fois que quelqu'un prononce ces mots en parlant d'un produit ou d'un service, qu'il soit payant ou non, **vous savez qu'il pointe du doigt une insuffisance de celui-ci**.

Proposer un service ou un produit débarrassé de cette insuffisance peut faire votre fortune. En attendant, il s'agit d'une première idée, que vous confronterez à l'étude de marché (voir plus bas) et **vous pouvez avoir des dizaines d'idées de ce genre chaque semaine.**

Un conseil : notez votre idée dès que vous l'avez, dans un carnet que vous avez sur vous ou sur votre téléphone. Vous est-il déjà arrivé d'avoir une idée si géniale que vous étiez persuadé de vous en rappeler toute votre vie, tout cela pour le lendemain vous rappeler que vous aviez eu une idée... sans savoir laquelle ? Si oui, **notez vos idées** dès qu'elles arrivent.

Pour aller plus loin, lisez :
-<u>Découvrez 70 idées de business pratiques</u>
<u>http://bit.ly/O45WPF</u>

Créer votre entreprise, étape 2 : Faire l'étude de marché

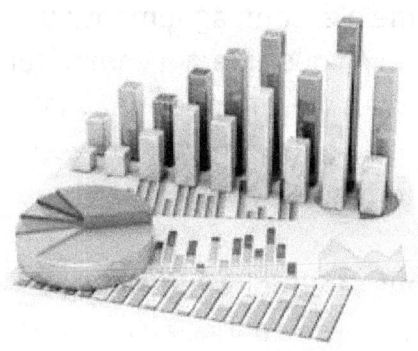

Une fois que vous aurez trouvé une ou des idées(s) il vous faudra déterminer leur potentiel économique, autrement dit si votre idée a des chances de pouvoir vous faire gagner assez d'argent pour en vivre. Et idéalement, pour la développer et l'amener là où vous voulez aller.

La première chose à savoir est **qu'il est impossible d'être sûr à 100% qu'une nouvelle entreprise va fonctionner**, quel que soit son secteur. Il y a toujours un degré d'incertitude sur la réussite, plus ou moins important en fonction du domaine, et qui ne peut être réduit à zéro même avec toutes les études préalables du monde.

D'après l'INSEE, 48.10% des entreprises créées en France en 2002 ont ainsi mis la clé sous la porte avant de fêter leur 5ème anniversaire :

Taux de survie des entreprises au bout de 5 ans

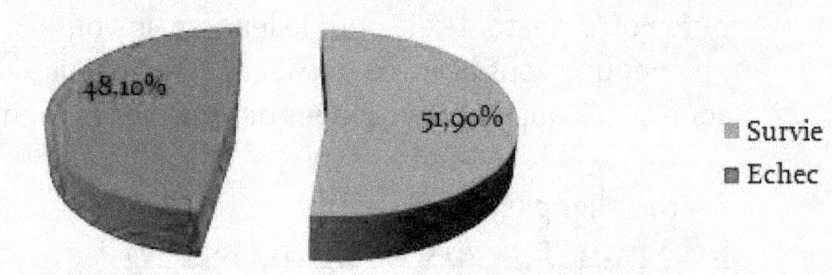

Statistiques INSEE pour les entreprises créées en 2002

Une étude de marché est malgré tout indispensable pour **réduire au maximum le facteur d'incertitude**. L'organisme d'accompagnement que vous allez choisir à l'étape 4 vous aidera à compléter votre étude de marché, mais il est important avant d'aller le voir d'avoir déjà de quoi prouver que votre idée a un potentiel économique.

Evidemment, il vous sera moins difficile de le faire si vous voulez créer une entreprise au concept éprouvé, comme une boulangerie mais même dans ce cas vous devrez faire une étude de marché : elle ne portera pas sur le potentiel économique de votre produit phare en lui-même *(tout le monde sait que le pain et les gâteaux se vendent bien en France)*, mais plutôt sur le potentiel du lieu que vous envisagez, le nombre et la proximité des compétiteurs, le chiffre d'affaires et la rentabilité que vous pouvez prévoir.

Faire l'étude de marché à ce stade est très important, car lorsqu'on est entrepreneur et que l'on a une idée d'entreprise, **celle-ci nous apparaît bien souvent comme la meilleure du monde.**

Nous ne comprenons pas que quiconque puisse ne pas l'apprécier, et sommes sûrs que **les clients vont se jeter sur notre produit et nous supplier de prendre leur argent.**

Malheureusement, il est fréquent que les clients soient un petit peu moins enthousiastes, d'où l'importance de tester concrètement notre idée pour ne pas se laisser trop déborder par notre enthousiasme.

Faire l'étude de marché vous permettra également de faire le tri entre vos idées si vous en avez plusieurs, en éliminant celles qui n'ont pas ou peu de potentiel économique.

L'étude de marché va vous permettre notamment de déterminer :

Le type de votre marché :

- allez-vous vous adresser plus particulièrement aux particuliers (BtoC), aux entreprises (BtoB), aux deux (dans quelle proportion ?) ?

Qui votre produit ou votre service intéresse ?

- Déterminer votre client type (son âge, son niveau d'études, son métier, ses loisirs, où il vit, son statut matrimonial,) et pourquoi il est intéressé par votre produit ou service vous sera d'une grande aide pour mettre en place votre marketing ensuite.

Quels sont vos concurrents :

- quel est leur nombre, leur taille, les produits et services qu'ils proposent, à quel prix.

Cependant à ce stade vous ne voulez pas passer trop de temps et dépenser trop d'argent pour déterminer le potentiel économique de votre idée.

Voici donc quelques outils à utiliser pour réaliser votre étude de marché en ligne gratuitement :

- <u>Amazon</u> est non seulement un site e-commerce qui cartonne en France, mais aussi **une place formidable pour démarrer une étude de marché**. Vous y trouverez non seulement des livres sur tous les sujets, mais aussi de très nombreux produits. "Et alors, en quoi cela va t-il m'aider à faire mon étude de marché ?" me direz-vous. De deux manières :

- Amazon vous propose <u>un classement par ventes de tous ses produits</u>. Un outil d'une richesse inestimable pour savoir ce qui se vend le mieux dans de nombreux secteurs. Combien de temps, d'énergie et d'argent auriez-vous dû dépenser pour obtenir les mêmes informations il y a ne serait-ce que 20 ans ?

- Amazon permet à ses clients de donner un avis sur ses produits... qu'ils soient positifs ou négatifs. Or nous avons vu à l'étape 1 qu'une excellente source pour trouver des idées est d'être à l'affut du commentaire négatif des gens sur les produits ou services qu'ils utilisent. Avec Amazon vous pourrez ainsi avoir de nombreuses idées, mais aussi les valider en lisant les commentaires négatifs des clients

- Et il n'y a pas qu'Amazon : **vous pouvez utiliser tous les sites d'e-commerce en ligne et les comparateurs de prix** qui permettent à leurs clients de laisser un avis comme une immense base de données pour vérifier le dynamisme d'un secteur et les problèmes les plus souvent rencontrés.

- <u>Le générateur de mots-clés de Google</u>. Cet outil gratuit conçu pour les annonceurs est accessible à tout un chacun. Il permet de connaître le nombre de recherches mensuelles sur Google pour tous les mots-clés que vous pouvez imaginer, dans tous les pays du monde où Google est utilisé. De plus cet outil vous aidera à savoir :

- Ce que les internautes recherchent précisément dans le domaine qui vous intéresse

- Quelle est la concurrence entre annonceurs sur des mots-clés précis, et jusqu'à combien ils sont prêts à mettre pour un clic: un indice très intéressant sur la rentabilité de vos compétiteurs dans ce secteur (de manière générale plus ils sont prêts à payer par clic, plus les produits et services qu'ils vendent sont rentables)

Quelle est la saisonnalité d'un secteur, produit ou service

Les forums de discussions.

- Recherchez les forums de votre secteur en tapant "forum *nom du secteur*" dans Google, et éventuellement des noms de sous-domaines. Par exemple si vous voulez démarrer une entreprise dans le domaine du ski, vous taperez "forum ski" dans Google, et éventuellement "forum ski de fond" si vous voulez vous spécialiser plutôt dans le ski de fond, ou "forum snowboard", etc. Partez explorer les forums que vous découvrez grâce à Google, à la recherche de différents éléments :

- Le nombre de personnes inscrites sur ces forums, et le nombre de membres actifs

- Le nombre de messages postés

- Les différentes rubriques du forum, et quelles sont celles qui sont les plus actives

- De quoi parlent les membres, les soucis et les problèmes qu'ils rencontrent

Cela vous donnera un aperçu incomparable de l'intérêt des utilisateurs sur votre marché, de leurs problèmes et **de ce dont ils discutent**.

Encore une fois, combien cela vous aurait couté en temps, en énergie et en argent pour disposer de toutes ces informations qui sont à présent à portée de clic il y a ne serait-ce que 20 ans ?

Les magazines.

- Il existe des magazines spécialisés dans de nombreux domaines, et les étudier vous donnera de très nombreuses informations sur les sujets brûlants de votre marché et... ce qui se vend, notamment grâce aux publicités des annonceurs.

Vous pouvez aujourd'hui accéder à de très nombreux magazines en ligne, sans bouger de chez vous sur des plateformes comme Le Kiosque

- **L'INSEE** est une extraordinaire base de données en ligne regroupant des milliers d'études et de sondages sur tous les secteurs.

  Vous pourrez y dénicher les chiffres clés de votre secteur et ainsi avoir une idée du CA que vous pouvez atteindre.

Explorer à fond ces ressources vous donnera des données quantitatives et qualitatives incomparables, et sans bouger de chez vous !

Vous compléterez ensuite votre étude de marché avec l'organisme d'accompagnement que vous choisirez à l'étape 4, mais si vous voulez la compléter, vous pouvez acheter des études de marché en ligne déjà réalisées par des organismes à des prix tout à fait intéressants, par exemple chez Créatests.

L'approche "Lean Startup" :

Une approche complémentaire est de faire une expérience simple et peu coûteuse pour tester l'intérêt du marché pour votre produit.

Vous pouvez par exemple payer pour faire un peu de publicité sur Internet, sur Google avec Adwords, ou sur Facebook par exemple, en proposant aux internautes de laisser leur email pour être tenus au courant de la sortie de votre produit.

Vous pouvez passer une annonce dans un journal d'annonce, proposer un prototype de votre produit sur Ebay, etc.

Posez-vous la question :

"Comment puis-je faire pour mettre en contact mon produit ou mon service avec le marché le plus intéressé potentiellement par lui, à moindre coût et rapidement, pour mesurer l'intérêt des prospects ?".

Par : Alain Xavier Kuetche Soh

Réaliser une telle expérience vous donnera des informations complémentaires à l'étude de marché **qui vous seront extrêmement précieuses**.

Le mieux si vous le pouvez est même de carrément faire une expérience à petite échelle en vendant réellement votre produit ou service en l'état. <u>Déclarez-vous en tant qu'autoentrepreneur en ligne</u>, trouvez une manière pas chère de proposer votre produit ou service à des prospects dont vous pensez qu'ils sont intéressés, et essayez de vendre ! Recueillez ensuite un maximum de feedback de vos premiers prospects et clients.

Pour en savoir plus sur cette approche, lisez le livre <u>Lean Startup</u>(également <u>dispo sur le Kindle</u>), un livre exceptionnel sur l'art de tester le potentiel de produits et services avant de les lancer officiellement.

Créer votre entreprise, étape 3 : Créer le dossier

Une fois que vous aurez validé votre idée grâce à l'étude de marché préliminaire, il est temps de créer le dossier qui vous servira de base pour rencontrer les organismes d'accompagnement à l'étape 4.

Votre dossier n'a pas besoin d'être très étoffé au départ, 2 à 4 pages peuvent suffire, ensuite l'organisme que vous allez choisir va vous aider à le compléter.

Que dois contenir votre dossier ?

Indiquez simplement :

- Le nom envisagé de votre entreprise, ainsi que celui de votre produit phare si vous en avez un

- Son secteur

- En quelques lignes, le but de votre entreprise, et ce qui la différenciera des autres, si possible résumé dans votre slogan

- Les résultats de votre étude de marché

- La taille globale du marché si vous l'avez

- Les résultats qualitatifs et quantitatifs des recherches que vous avez menées auprès des clients de ce secteur

- Les résultats qualitatifs et quantitatifs des recherches que vous avez menées auprès des compétiteurs de ce secteur

- Une estimation, même vague, du CA envisagé lors de la 1ère année et éventuellement des 3 premières (*l'organisme d'accompagnement vous aidera à faire un véritable business plan ensuite*)

- Ce dont vous avez besoin en termes d'accompagnement et de financements

Soyez concis, soyez percutant, le but est que les personnes des organismes d'accompagnement puissent se faire rapidement une idée de ce que vous proposez et du potentiel de votre projet.

Créer votre entreprise, étape 4 : Rencontrer les organismes d'accompagnement

 Pour le moment vous n'avez pas

vraiment confronté votre idée au monde réel.

Certes, vous avez fait l'étude de marché et vous en avez probablement parlé à vos amis, mais vous n'avez pas encore eu d'avis objectif, désintéressé sur votre idée.

Cela vous fait sans doute peur, mais c'est nécessaire : si comme Don Quichotte vous prenez des moulins à vent pour des géants, **mieux vaut le savoir à ce stade** plutôt que de passer plusieurs mois à "peaufiner" votre projet jusqu'à ce qu'il devienne le meilleur… de votre chambre.

C'est dans ce but, mais pas seulement, que vous allez rencontrer <u>tous</u> les organismes d'accompagnement et de création de votre ville. En plus de ce premier avis sur votre projet, cette série de rencontres vous sera bénéfique sur de nombreux points :

- Vous commencerez à vous <u>tisser un réseau</u> dans le milieu de la création d'entreprises de votre ville qui pourra vous être fort utile par la suite *(personnellement c'est là que j'ai trouvé mes premiers clients !)*
- Vous découvrirez **toutes les ressources auxquelles vous avez droit** en tant que créateur d'entreprise, y compris les subventions et les prêts sans intérêt auxquels vous pourrez prétendre.
- Vous rencontrerez d'autres créateurs d'entreprise comme vous, ce qui pourra faire naître des relations d'affaires et d'amitié qui pourront durer des années *(ou même la vie entière !)*
- Cela vous permettra d'avoir un avant-goût de l'ambiance et des services proposés par tous les organismes d'accompagnement, ce qui vous

facilitera la tâche pour choisir l'organisme principal qui assurera votre suivi *(voir plus bas)*

Comment rencontrer tous les organismes d'accompagnement de votre ville ?

C'est simple : allez à la chambre de commerce ou à la chambre des métiers de votre ville, dites que vous voulez créer votre entreprise et **demandez la liste de tous les organismes d'accompagnement.**

Evidemment si vous vivez à la campagne ou dans une petite ville, il vous faudra vous déplacer à la ville la plus proche dotée d'une de ces chambres.

Une fois en possession de cette liste, appelez tous les organismes et fixez un RV. Ces organismes ont l'habitude des porteurs de projet et les accueillent pour la plupart par un premier entretien individuel pour découvrir leur projet et présenter leurs services.

La plupart du temps, **ces services sont gratuits –** vous serez peut-être surpris de tout ce à quoi vous avez droit en tant que créateur d'entreprise : conseils et accompagnement par des spécialistes, ordinateur, Internet et téléphone mis à disposition, parrainage par des entrepreneurs plus expérimentés, formations, prêts d'honneur, subventions, etc. La liste est longue et dépend de chaque organisme.

Le fait de contacter tous ces organismes peut vous sembler long et décourageant, mais rien ne vous oblige à le faire en une journée ! **Etalez les rendez-vous** sur un mois si vous le souhaitez, tout en étoffant votre dossier au fur et à mesure des rencontres et des discussions.

Une fois votre tour d'horizon achevé, vous êtes mûr pour prendre **une décision importante** pour l'avenir de votre projet : choisissez **UN** organisme parmi tous les autres qui sera celui qui vous accompagnera en priorité. Continuer à voir autant d'organismes pour la suite serait **« *disperser* »** inutilement votre temps et votre énergie.

Choisissez en votre âme et conscience celui qui vous a semblé le plus à même de comprendre votre projet et de vous accompagner efficacement, et tenez-vous-y.

Cela ne vous empêchera pas bien sûr d'utiliser les ressources mises à disposition des autres organismes, mais celui-là sera le principal, et la personne avec qui vous serez en contact deviendra votre "référent" : l'interlocuteur principal dans votre projet de création.

Confiez-lui tout. Parlez-lui de vos doutes, de vos espoirs, des autres organismes et de ce qu'ils pourraient vous apporter. Demandez-lui son avis sur des questions diverses, des problèmes qui vous tarabusquent. Evidemment, il n'aura pas raison sur tout, mais il vous donnera un autre avis, que vous pourrez prendre en considération – ou pas.

Créer votre entreprise, étape 5 : Créer le business plan

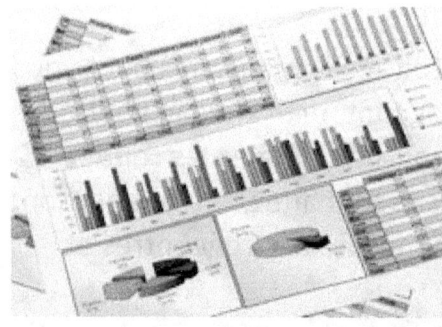

Une fois l'organisme d'accompagnement principal choisi, vous allez élaborer le business plan avec lui – d'ailleurs la capacité de l'organisme à vous aider dans cette phase cruciale est **l'un des facteurs les plus importants** que vous devrez prendre en compte pour le choisir.

Le business plan, c'est le dossier complet qui détaillera votre projet, les résultats de l'étude de marché, et la prévision de l'ensemble des recettes et des dépenses, poste par poste et mois par mois, souvent pour les 3 premières années de l'entreprise. Une chose est claire : il est très rare que les recettes et dépenses des 3 premières années d'une entreprise correspondent à ce qui a été prévu dans le business plan.

Pourquoi en faire un alors ?

C'est tout d'abord l'occasion pour vous **de bien poser les choses** et de structurer votre pensée. Le simple fait de devoir mettre des chiffres dans les cases des recettes et dépenses chaque mois vous force à y penser et à déterminer comment vous comptez atteindre les chiffres de vente.

Si vous créez une entreprise basée sur un modèle existant, c'est là qu'il est utile de connaître les chiffres d'autres entreprises de ce secteur, ou mieux les chiffres moyens. Consultez le site de l'INSEE pour trouver ces chiffres.

C'est également une fois le business plan élaboré que vous pourrez déterminer de combien d'argent vous avez besoin, étape indispensable avant d'aller voir les investisseurs.

C'est également en élaborant le business plan que vous allez choisir votre statut juridique, avec l'aide de votre interlocuteur principal.

L'autre intérêt est que ce document est indispensable si vous voulez convaincre des investisseurs – organismes, banques, business angels, etc. – de vous prêter de l'argent.

Votre personnalité et votre capacité à convaincre joueront bien sûr un grand rôle, mais c'est sur le business plan qu'ils s'appuieront pour déterminer s'ils croient suffisamment en votre projet pour y risquer de l'argent.

Le business plan est un document difficile à élaborer seul, en particulier si vous ne l'avez jamais fait auparavant, et c'est sur ce point que votre interlocuteur principal apportera sa plus grande plus value. Il a sans douté déjà aidé à réaliser des dizaines, peut-être des centaines de business plans auparavant et saura vous guider et vous apporter un regard critique qui à ce stade vous fait cruellement défaut .

Créer votre entreprise, étape 6 : Rencontrer, choisir et convaincre les investisseurs

Armé de votre business plan en béton terminé avec l'aide de l'organisme, il est temps d'aller rencontrer les investisseurs pour les convaincre d'investir dans votre entreprise.

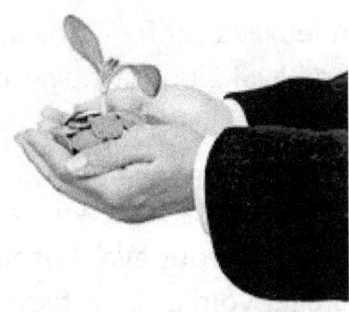

Votre organisme d'accompagnement saura vous donner une liste des investisseurs à contacter dans votre région – peut-être lui-même pourra-t-il vous financer – et la meilleure stratégie à adopter.

Voici les différentes catégories d'investissements que vous pouvez essayer d'obtenir :

La famille et les amis.

- Traditionnellement appelé **"love money"**, ce premier niveau se compose de tous vos proches que vous avez convaincus d'investir dans votre projet en vous prêtant un peu d'argent.

  Il s'agit souvent de prêts sans taux d'intérêt, mais si vous vous retrouvez dans la situation où vous ne pouvez pas les rembourser, cela peut engendrer des tensions très dommageables pour votre vie sociale et affective.

  Une très bonne manière de **"lever"** ses premiers fonds, mais à manier avec précaution.

  le "love money" doit être composé de petits prêts que vos proches peuvent facilement consentir en fonction de leurs moyens, pour vous soutenir plutôt que pour faire une opération rentable.

Les prêts d'honneur.

- Ce sont des prêts sans intérêt accordés par des organismes d'aide à la création d'entreprise. Ils sont financés par l'Etat ou des mécènes, et visent à développer l'économie locale et nationale, sans rechercher la rentabilité sur les prêts effectués.

  Parfois en cas de dépôt de bilan avant le remboursement total des prêts, il est possible de négocier le non-remboursement de ceux-ci *(mais ce n'est pas toujours possible)*, ces prêts se faisant généralement sans garantie personnelle.

Il est donc très intéressant d'en obtenir surtout qu'ils servent souvent de leviers pour obtenir le prêt bancaire derrière *(obtenir un tel prêt est un gage de crédibilité et le banquier sera heureux de partager les risques).*

Certains organismes conditionneront le déblocage du prêt qu'ils vous ont accordé à l'obtention d'un prêt bancaire. C'est logique de leur point de vue, puisqu'obtenir un prêt bancaire est un gage de sérieux et de crédibilité pour eux.

En France voici les deux principaux organismes:

- France Initiative. Je suis personnellement passé par la version Lilloise de cette plateforme basée partout en France pour obtenir mon prêt d'honneur. Ils font aussi un accompagnement avant la création qui inclut l'aide à l'élaboration du Business Plan.
  Quelques chiffres intéressants sur cette plateforme en 2011 :

  - **17 750 entrepreneurs financés** pour **15 953 créations ou reprises d'entreprises**

  - **8 150 €** : montant moyen du prêt d'honneur

  - **85 %** de taux de pérennité à trois ans des entreprises aidées

- Réseau Entreprendre. Je ne le connais personnellement pas mais c'est également un réseau très actif en France

Quelques chiffres intéressants sur cette plateforme

- **560 nouveaux "lauréats" en 2011** et **5.500 en cumul** : 2/3 de créations et 1/3 de reprises.

- **1.386 entrepreneurs en cours d'accompagnement** soit 13.860 rendez-vous tous les mois. **100% des lauréats sont accompagnés**.

- Pérennité des entreprises : **à 3 ans, 87% sont toujours en activité** et à **5 ans, 84% pour les dernières promotion**s (enquête TMO Régions).

- **93% des lauréats interrogés se déclarent satisfaits ou très satisfaits** de l'accompagnement par Réseau Entreprendre (enquête IFOP 2011 sur 1009 lauréats interrogés).

- Il y a aussi le dispositif <u>NACRE</u> du gouvernement, qui est une avance remboursable. 50% des demandes NACRE sont gérées par France Initiative, donc vous allez faire d'une pierre deux coups en allant les voir .

- Regardez aussi du coté du <u>PCE</u>, un prêt d'honneur du gouvernement de 2000 à 7000 euros.

Les "banques solidaires" :

- ce sont des organismes dont la mission est de permettre l'accès au financement à ceux qui ont le plus de mal à décrocher un prêt bancaire, notamment les chômeurs.

Leurs financements peuvent se substituer à un prêt bancaire, et peuvent donc servir de prêt complémentaire indispensable pour obtenir un prêt d'honneur. En France il y a notamment ces deux organismes :

- L'ADIE. Cette structure suit le modèle du microcrédit, et ses prêts sont proposés à des taux proches du taux de l'usure (très élevés), donc faites attention. Un prêt de cette structure pourra toutefois débloquer votre situation si aucune institution financière "classique" ne souhaite vous prêter de l'argent.

- France Active, qui gère aussi les prêts NACRE.

Le prêt bancaire :

- quel que soit le montant des autres investissements que vous obtiendrez, le prêt bancaire est souvent un passage obligé, car bon nombre d'investisseurs ne vous prêteront l'argent promis que si vous avez réussi à convaincre une banque de placer de l'argent en vous.

  En effet, un banquier ne vous prêtera de l'argent que s'il estime que le risque qu'il encourt est très faible. Autrement dit s'il estime que votre projet tient la route et que vous pouvez le mener à bien.

  Cependant, ce n'est pas parce que votre projet a été refusé par une banque qu'il y a forcément un problème. En cas de refus, essayez une autre banque, puis une autre, puis une autre encore. Essayez différentes agences d'une même banque, vous pourrez être accueilli différemment en fonction de l'interlocuteur.

Devriez-vous essayer d'obtenir d'abord un prêt d'honneur ou un prêt bancaire ?

En fait il est plus facile d'obtenir un prêt bancaire si vous avez déjà un prêt d'honneur (certains prêts d'honneur sont d'ailleurs conçus avant tout pour permettre aux créateurs d'obtenir des prêts bancaires).

Mais souvent pour obtenir un prêt d'honneur les organismes vous demanderont d'avoir au moins rencontré des banquiers pour leur faire part de votre projet, et dans l'idéal d'avoir une promesse de prêt si telle et telle condition sont réunies.

Donc pendant que vous élaborez le business plan, prenez contact déjà avec votre banque personnelle pour lui présenter votre projet et avoir un premier avis.

Essayez d'obtenir une promesse de prêt si vous réussissez à obtenir d'autres financements, à avoir un local si vous en avez besoin d'un, etc., ou au pire un avis positif sur votre dossier en l'état.

Puis tentez d'obtenir ce prêt d'honneur, en mettant en avant le fait que vous avez déjà un contact avec une banque. Une fois le prêt d'honneur obtenu, allez voir votre banquier et tentez d'obtenir le prêt bancaire.

Les subventions :

- ce sont carrément des dons, du gouvernement ou d'organismes qui veulent redynamiser un secteur, voire la création d'entreprises tout entière. Il n'est pas facile d'en obtenir et quand c'est le cas cela peut vous prendre plusieurs mois avant de toucher les  fonds, donc gare ! Ne comptez pas dessus pour démarrer votre entreprise et acheter votre matériel indispensable.

- Le meilleur endroit pour trouver des subventions est le site de l'OSEO. Il y a aussi des subventions en fonction des domaines, des régions, de la ville parfois... Renseignez-vous auprès de votre réseau d'accompagnement.

  - Si vous êtes chômeur, vous pouvez aussi demander à ce que le pôle emploi continue à vous verser vos allocations pendant un an après votre création d'entreprise, ou même vous verse une partie de vos allocations restant dues sous forme de capital. Cliquez ici pour en savoir plus.

Les exonérations :

- ce sont des aides indirectes sous la forme d'une exonération de taxes ou d'impôts. Très appréciable pour donner un coup de pouce à votre entreprise. Les plus connues sont :

  - L'ACCRE. Exonération des cotisations sociales pendant un an, assortie éventuellement d'un prêt d'honneur.

- **Le dispositif Zones Franches Urbaines.** La Rolls-Royce des exonérations. Si vous arrivez à en bénéficier votre entreprise sera exonérée de 100% d'impôts pendant 5 ans, puis de 60% pendant 5 autres années (!), pour un maximum de 100 000 € exonérés par an. Cela peut faire une énorme différence. Renseignez-vous pour connaître l'emplacement des ZFUs dans votre ville.

Les garanties :

- ces aides ne sont pas du financement direct, mais peuvent vous aider à en obtenir, car elles cautionnent une partie de votre prêt bancaire et soulagent donc votre banquier d'une partie du risque.

  - La plus connue est celle d'OSEO qui prend en charge 70% du risque. Parlez-en à votre banquier car il est possible qu'il connaisse mal ce type de garantie.

  - France Active propose également plusieurs garanties de ce type, dont une spécifique pour les femmes créatrices d'entreprise.

Les business angels et capitaux risqueurs :

- ces investisseurs vous confient leur argent en échange d'une participation dans le capital de votre société. Il ne s'agit donc pas d'un prêt classique (vous n'aurez rien à rembourser si votre entreprise se plante) : ces investisseurs ne gagneront de l'argent que s'ils arrivent à revendre leur part avec une grande plus-value (peut-être à vous-même !) quelques années plus tard.

En général, les business angels investissent au tout début de l'entreprise, pour des sommes de quelques dizaines de milliers d'euros chacun en général, tandis que les capitaux risqueurs investissent quand l'entreprise a déjà quelques années de fonctionnement derrière elle, et a besoin de fonds pour continuer son développement.

Ce type de financement n'est pas pour tout le monde : seules les entreprises ayant un grand potentiel – ce potentiel étant souvent lié à un caractère innovant – vont intéresser les business angels et capitaux risqueurs.

L'intérêt est qu'outre de l'argent, vous bénéficiez aussi de l'expérience et du réseau de ces investisseurs si vous réussissez à les convaincre, ce qui peut être un atout considérable. En France vous pouvez démarrer vos recherches avec :

- Les Cigales. Une structure de "capital risque solidaire".
- La Fédération des Business Angels français.
- Association Nationale des investisseurs pour la croissance
  - Wiseed, site mettant en relation investisseurs particuliers et entreprises (modèle du "crowdfunding").

Créer votre entreprise, étape 7 : Créer votre entreprise !

Ça y est, après moult épreuves vous avez triomphé de tous les obstacles, vous avez obtenu tous les financements dont vous avez besoin, et vous pouvez enfin vous rendre à la Chambre de Commerce ou la Chambre des Métiers pour accomplir les formalités de création.

Bravo ! Fêtez ce succès comme il se doit ! **Sortez la bouteille de champagne** que vous avez mise au frais pour l'occasion et faites-la péter ! **Célébrez l'évènement** avec des proches que vous aimez, faites-vous plaisir en allant dans un excellent restaurant avec votre conjoint, bref savourez ce moment qui restera à jamais gravé dans votre mémoire. Vous l'avez bien mérité.

Puis **remettez-vous au travail**. À fond. Créer votre entreprise a été une aventure merveilleuse et éprouvante, et une nouvelle encore plus passionnante et dangereuse vous attend à présent : la faire croître pour qu'elle survive, puis pour qu'elle vous offre ce que vous attendez d'elle, que ce soit la joie de faire ce que vous aimez pour longtemps, l'argent, la liberté et l'indépendance, la satisfaction profonde d'apporter de la valeur à la société tout en étant payé à votre juste valeur, le plaisir de contribuer en créant des emplois.

Par : Alain Xavier Kuetche Soh

Ce que vous devez faire pour réussir

Le sujet de ce livre n'est pas de développer votre entreprise (j'en ferai peut-être un autre sur le sujet), mais sachez que **la plus grande erreur que font les créateurs d'entreprise débutants est de ne pas se focaliser sur la vente.**

Ils passent 80% de leur temps sur des tâches annexes, comme chercher le design de leur carte de visite, choisir leur mobilier de bureau, peaufiner le texte de leur plaquette, s'occuper du design de leur site web, etc., et 20% de leur temps à chercher de nouveaux clients pour vendre leurs produits ou services.

Pour réussir c'est l'inverse qu'il faut faire : **vous devez passer 80% de votre temps à vendre** car sans ventes, tout le reste ne servira à rien. Quand vous aurez suffisamment de clients pour assurer au moins le paiement des frais fixes (loyer, salaire, etc.) alors vous pourrez passer du temps à créer votre carte de visite, choisir votre mobilier de bureau et la couleur des murs.

Donc **travaillez d'arrache-pied pour trouver vos premiers clients**, puis les suivants, consacrez tous vos efforts à cela sans relâche, et une fois que vous avez convaincu les premiers faites-en sorte qu'ils soient tellement enchantés qu'ils en parlent à tous leurs amis. Votre super fauteuil de président et votre fond d'écran viendront après.

Bienvenue, mes amis, dans le fabuleux monde de l'entreprenariat, **avec**

Par : Alain Xavier Kuetche Soh

ses frissons, ses sensations fortes, ses dangers et surtout son incroyable liberté.

Bienvenue dans ce nouveau chemin que vous avez choisi de parcourir. Profitez du voyage tout autant que de la destination. Une fois que vous y aurez goûté vous ne pourrez plus vous en passer.

Quelques conseils pour terminer

1- N'écouter pas ceux qui vont vous décourager, être chef d'entreprise c'est prendre des risques on est récompensé au centuple quand on en prend (même en cas d'échec)

2- Soyez à l'écoute de vos clients et adaptez-vous. Ce que veut votre client n'ai pas forcément ce que vous voulez lui vendre même si vous savez que ça serait mieux pour lui et que vous avez raison.

3- Choisissez bien vos partenaires, vos associés (pas d'amis dans les associés si vous n'avez pas une mise de départ suffisante ou que vous ne commencez de rien), vos collaborateurs pour leur état d'esprit. Les compétences ça s'acquiert.

4- Soyez rigoureux dans votre gestion (cela m'a évité plus d'une fois de mettre la clé sous la porte) et pas trop optimiste.

5- Entourez vous d'autres chefs d'entreprise car sinon à certains moments vous allez vous sentir vraiment seul.

Par : Alain Xavier Kuetche Soh

6- Gardez toujours une attitude positive face aux difficultés, derrière chaque problème se cache une solution.

7- Un des points les plus difficiles quand votre entreprise commence à fonctionner est que vous devez embaucher. Ayez suffisamment de trésorerie avant de passer à l'acte et n'hésitez pas à licencier si ça ne marche pas comme vous le voulez.

8- Rien n'est jamais acquis, ne vous reposez pas sur vos lauriers quand vous avez l'impression que ça marche bien, innovez, investissez dans d'autres projets.

9- Faites vous plaisir et quand le plaisir n'est plus là, changez ce qu'il y a à changer, peut-être même d'activité !

10- Réfléchissez à 2 fois avant de vous lancer si vous êtes sur un business ou les clients ne sont pas fidèles.

11- Et puis bien sur, passez à l'action, agissez, là où vous êtes maintenant avec toutes vos forces et vos faiblesses, vos doutes et vos peurs. Mais allez-y!

« Seules les actions produisent les effets »

Alain Xavier Kuetche Soh

http://gagner-sans-investir.site90.net

http://club-a-succes.blogspot.com

Avec la collaboration de :

Olivier Roland.

(Chef d'entreprise et blogueur à succès)

http://Blogueur-pro.com